Jésus

L'Enfance
Marie

Je ne suis né heureux. Un père honnête, droit et travailleur. Une mère bénie. Elle avait de doux cheveux noirs et des yeux ardents qui me couvaient d'amour et d'inquiétude.

Elle n'en laissait rien paraître, sachant dès le départ que cette vie serait à la fois périlleuse et décisive. On le lui avait soufflé en rêve, celui qu'on nommerait le saint esprit était venu à elle, comme il viendrai à moi le temps venu.

Elle était de celle qu'il ne faut pas contrarier. Ah, elle en avait du caractère, mère si jeune avec tant de responsabilités. Elle avait une mission, éduquer cet enfant et surtout veiller sur ma croissance, ma santé, me protéger des affreux.

Elle me chantait des chansons d'amour, elle y mettait toutes ses pensées, ses sentiments. Je les écoutait transporté, avec autant d'admiration que de dévotion. Plus tard , c'est sur, je serai amoureux.

Les journées passaient lentement, j'apprenais le bois, mon père enseignait et j'étais fier de notre travail commun. Je lui apportais satisfaction. Je m'efforçais d'être un bon fils et de respecter la sagesse des anciens. Apprendre d'eux.

J'apprenais surtout les lois, et s'insinuait déjà en moi ce besoin d'éternité. Je me posais des questions sur notre place sur Terre et dans le Monde, je pressentais que je passerai ma vie à en chercher les réponses. Jusqu'à en mourir? Alea Jacta Est !

Marie, pourquoi elle ? Elle avait été choisie par le Très Haut. C'est sûr, elle le méritait. Elle avait une force immense, inconnue des femmes de cette époque. Elle avait aussi une foi infinie. En moi s'éveillait chaque jour un amour infini. Elle était douce, tendre, sage, et aussi très belle.

Les enfants ne sont-ils tous pas un jour amoureux de leur mère ? Il faut pourtant un jour casser le lien, s'émanciper, mais jamais nous n'oublions la douceur du sein maternel. Les âges nous séparent, mais pour toujours cet amour reste présent.

Ses paroles, ses chants, que je ne me lassait pas d'écouter, étaient réconfortants, bienveillants, merveilleux. Même si elle pouvait être inquiète, jamais elle n'en laissait paraître. Une fois nos chemins séparés, chaque rencontre furtive, chaque soirée passée près d'elle faisaient de ces jours des jours bénies. De ceux qui comptent, dont je me souviendrait avec clarté bien des années après.

Au pied de la croix, au bout du chemin que j'emprunte déjà, elle sera là. Meurtrie, désespérée peut-être, mais vaillante. Avec à ses cotés la chère Madeleine, les deux femmes choisies unies dans la douleur et la passion.

Les deux amours de ma vie d'élu, à jamais une place particulière dans mon cœur je leur réserve.

Que pourrais-je dire à Marie si je la revoyais dans l'Au-Delà?
Femme, tu as été digne en tout point de la mission que mon Père t'a confié. Tu as été forte dans les moments de dangereux, tendre dans les moments tristes, toujours protectrice. Tu m'as montré la lumière. Jamais de la voie de la sagesse et de la pureté tu n'as dévié.

Tu mérites le meilleur, les temps te reconnaîtront. Il fallait bien que prenne un peu de temps pour moi, mon destin le réclamait, j'en avais besoin. Je suis partis vivre ce chemin semé d'embûches, jusqu'au chemin de croix. Tu demandais seulement que je te fasse une place dans ma maison. Tu auras eu un amour inconditionnel, irrévocable.

Tes larmes se sont mêlées à me larmes dans l'Au-Delà. Nous nous le sommes jamais montré. L'évidence n'a point besoin de discours, seulement parfois de poésies…

Tout ce chemin n'a été vain. A jamais tu as mérité ton éternité.

Baptême

Il y avait, sur les rives du Jourdain, une communauté animé par un homme de grande foi.

Fils d'un prêtre du temple, il avait été élevé dans le respect de Dieu et des traditions, des lois de notre peuple. Nous étions apparentés par nos mères respectives.

Ces hommes et ces femmes pratiquaient dans le fleuve le baptême, rendant ainsi grâce à Dieu. Par immersion dans le fleuve, ils se lavaient de leurs péchés passés et prévenaient les péchés futurs.

C'était un acte de purification, d'allégeance à Dieu et de promesse de vie pieuse et sincère envers le Très-Haut.

Jean Le Baptiste, vivait en ascète tout en observant les lois de notre religion juive. Il animait cette communauté, baptisait les hommes et femmes de bonne volonté souhaitant suivre la voie de Dieu.

Surtout il annonçait la venue de quelqu'un beaucoup plus grand que lui, dont il « *n'était même digne de porter les sandales* » Parlait-il d'un prophète, d'un messie, de Dieu lui-même ? Parlait-il de moi ?

Je vins alors à lui en lui demandant le baptême. Dans un premier temps il refusa :
« *C'est moi qui ai besoin d'être baptisé par toi, et c'est toi qui viens vers moi?* »

Je lui répondis que nous devions le faire car là était la chose juste. Alors il me baptisa et je sentis l'esprit de Dieu venir sur moi.

Jean vivait en saint mais annonçait aussi le glaive et le feu. Il se mettait en colère contre les sadducéens et les pharisiens dont il doutait de leur sincérité et de leur repentance.

Surtout, il commis l'imprudence, bien que justifiée, de critiquer durement des années plus tard le mariage du Roi Hérode avec la femme de son frère, Hérodiade. Celle-ci demanda alors et obtins sa mise à mort, la tête de Jean lui étant apporté sur un plateau d'argent.

Un homme prêchant la justice et la loyauté sincère envers son Dieu et ses lois ne pouvait que déplaire aux puissants. Il devait donc mourir. Nous allions bientôt être unis dans la mort, victime du même crime, de la même infamie.

Désert

Trouver la raison, le pourquoi du Moi. Je devais me mettre en danger, aller à la frontière de la folie.

J'avais besoin de réponses, j'y consacrerai désormais ma vie.

Je me résolus donc à quitter ma terre, mes proches et parti jeûner dans le désert à la recherche de l'initiation.

La faim, la soif font, lorsqu'ils sont poussés à l'extrême, que l'esprit s'affranchit du corps et vagabonde dans des rêves que l'on qualifierait de nos jours comme psychotiques.

Allant jusqu'au bout de mes capacités physiques, je me mis à penser que puisque Dieu m'avait fait venir sur Terre, je pouvais donc être l'égal d'un Roi, si ce n'est le Roi des Rois.

Le jour de mon avènement sur Terre, Ce jour allait-il arriver ? Quel prix aurais-je donc à payer ?

Quelles compromission devrais-je accepter ? Pourquoi être Roi, quand on ne désire que de l'ombre, un ruisseau chantant, des rayons dans les bois ?

Je renonçais à ce rêve emprunt de mégalomanie, le pouvoir politique est fait pour être abattu, chassé. Je préférais envisager ma vie d'un point de vue spirituel.

La faim me tiraillait, j'avais à dessein emporté le minimum de pain, déjà depuis longtemps consommé.

Aurais-je l'impudence d'éprouver mon Père en lui demandant de transformer ces pierres en pain, afin que je me rassasie ?

Le pain n'est bon pour l'homme que lorsque l'on rends grâce à Dieu pour cette bénédiction. Exiger de lui sa pitance quotidienne serait par trop impudent et déplacé.

Je passa par des moments de désespoir aussi, la tentation de me jeter dans le vide me vint à l'esprit.

En finir vite avec cette vie trop dure et sans réponses. Trouver en un éclair la réponse à toutes mes questions. Si réponses il y a.

Mais si ton père te donne la vie, Seule Dieu à le droit de te l'ôter. A moins que ce ne soit un cas clinique désespéré que nul ne peut guérir, chacun doit vivre la vie des hommes jusqu'à en gagner le salut.

Devais-je éprouver davantage mon Père, ou simplement ma confiance lui accorder. Au sein de la nature, je suivit le chemin du sage, je cherchais la clé de mes pensées, peu à peu mon esprit s'éveillait. La conscience du Monde en moi s'éveillait.

 Enfin le Saint Esprit vint sur moi.
« Ton père sur Terre t'as envoyé. Sur toi je dois veiller. Tu porteras son message. L'amour de Dieu est universel. L'amour des hommes devra l'être aussi. Ainsi ils gagneront l'éternité tandis que d'autres se perdront. Tu auras à vivre la passion, ainsi tu sauveras les justes. »

La Pêche

Jean Le Baptiste ayant été arrêté, ses disciples retournèrent dans leurs villages natales.

C'est ainsi que André retrouva Son frère Simon à Betshaida, près de Capharnaüm, ou il pratiquait l'activité de pêcheur.

André raconta à Simon notre rencontre sur les rives du Jourdain et combien il avait pu être étonné que Jean Le Baptiste me désigna comme :
« L'agneau de Dieu, celui qui efface les péchés du monde ».

Cela sembla bien beau à Simon mais ce dernier se devait de garder les pieds sur terre. Il avait une famille à nourrir, il se devait tous les jours de partir pêcher dans le lac et ramener de quoi nourrir les siens, payer ses compagnons et les coûts afférents.

Au petit matin, lui et ses compagnons marins-pêcheurs revinrent harassés de la pêche et totalement dépités. En effet ils n'avaient procéder à aucune prise, ce qui les affectaient grandement.

C'est alors que je vins à lui et monta sur le bateau de Zebedee, père de Jacques et Jean, d'autorité.

M'adressant à la foule, j'enseignai la parole de Dieu.

Puis me tournant vers Simon, je lui dis :
« Avance dans l'eau et jette tes filets »

Ce dernier me répondit
« Maître, nous avons essayé, toute la nuit sans rien prendre, cela est inutile »

Puis, après un moment de réflexion :
« Sur ta parole, je jetterai le filet ».

Ayant jeté le filet, la pêche fut si abondante que le filet menaça de rompre. Simon du faire appel à un autre bateau afin de ramener tous ces poissons sur le rivage.

De mémoire de marin, on avait jamais vu une pêche si miraculeuse, surtout que cela se passait à la lumière du jour alors que la pêche devait normalement s'effectuer de nuit. Étonnement mêlé de panique gagna les marins si bien que Simon se précipita vers moi et me dis, s'agenouillant à mes pieds :
« Eloigne toi de moi, Maître, car je suis un pécheur ».

Je le relevais alors et lui répondis :
« Viens avec moi, je ferai de toi un pêcheur d'hommes ».

In Vino Veritas

J'avais été invité à des noces aux environs de Cana. C'était la fête. Je m'y étais rendu avec ma mère, Marie, et nous y passions un bon moment.

Les mariés étaient radieux, les invités se régalaient des mets offerts, lorsque ma mère s'adressa, à moi :
« Mon fils, ils n'ont plus de vin ! »

Elle me dit ça comme si j'étais maintenant en responsabilité de ce problème. Je lui fit comprendre que bien cette situation bien que malheureuse, n'était pas de mon ressort.

Pourtant elle insista :
« Jésus, mon fils, ils n'ont plus de vin, tu dois agir ».

Sentant que je n'échapperais pas à cette invective j'avisai les serviteurs du maître de maison :
« Voyez ces 6 jarres là-bas, remplissez les d'eau à rabord ».

En bons serviteurs, ils s'exécutèrent.

J'avais pris les choses en main, il s'agissait de ne pas décevoir.

Allant puiser au plus profond de mon âme, je pria le Très-Haut :
« Père, les noceurs ont besoin de vin. Puisses-tu, en manifestation de ta puissance, changer cette eau en vin. Que ce miracle s'accomplisse par ta volonté »

Je sentis alors une force bienveillante m'envahir et je dis aux serviteurs :
« Maintenant, servez ! »

Et des jarres jaillit du vin. Dieu m'avait manifesté sa puissance et sa bénédiction, je me sentais maintenant invincible à ses cotés. Je ne savais pas encore que cette eau changée en vin se changera quelques temps plus tard en sang, mon propre sang versée du fait de la folie des hommes.

Les invités ne s'étaient pas aperçus de rien. Seul les serviteurs, ma mère, et le marié furent dans la confidence. Mais le bruit allait bientôt se répandre que j'accomplissais des miracles avec l'aide de Dieu.

En attendant le vin nouvellement servi était tellement bon, que les invités reprochèrent au marié :
« Tu nous sers le meilleur vin en dernier ! »

La Route

J'avais 30 ans et me résolu à accomplir la mission qui m'avait été assigné. Puisque Dieu avait placé en moi ses espoirs d'un monde meilleur pour des hommes meilleurs, je me devais d'aller au devant d'eux.

Je commença réunir des disciples de foi et de bonne volonté, prêt à s'engager pour le salut des hommes, de leur famille et leur propre salut.

Je leur demandais de délaisser leur biens et de consacrer leur vie à l'évangélisation des hommes. Je leur recommandais de porter particulièrement attention à ceux qui s'étaient perdus dans une vie d'orgueil et de péchés afin de ramener les brebis égarés dans le troupeau.

Nous passâmes un ministère de foie et de mystères. 3 ans sur les routes, 3 ans de doutes pour les uns, 3 ans d'éveils pour certains.

Nous allions de ville en ville afin de répandre la parole de Dieu.

Je portais une attention particulière aux exclus, aux pauvres, à tous ceux que la société rejetais.

Des quatre coins du pays, les gens venaient à nous. Il me fallait répondre à toutes leurs questions, je m'y attelais avec sincérité, sachant que le salut des hommes viendrait des hommes.

Partout on me demandait d'accomplir des miracles. Il fallait guérir les malades, purifier les lépreux, rendre la vue aux aveugles et faire marcher les boiteux. Jusqu'à multiplier pains et poissons pour nourrir la foule grandissante qui venait m'écouter.

Ces miracles me demandait énormément d' effort et m'épuisaient. Le peuple n'en était jamais rassasié. Il voulait bien croire mais croire sur preuve ! Homme de peu de foi, le mystère de Dieu n'est-il pas le plus beau des mystères ?

Sentant sur moi la protection et l'aide du Très-haut, j'arrivais à accomplir ce qu'il m'était demandé.

Alors les hommes virent en moi le Messie. Ils reconnurent ma force spirituelle, ma filiation de Dieu ainsi que mon pouvoir sur la vie et la mort.

Au Nom Du Père

La Pâques approchait, nous décidâmes de nous rendre à Jérusalem une fois de plus afin de célébrer cette fête.

Juché sur un ânon 'jamais monté', la foule nous acclamait à notre arrivée, déposant leur manteau sur notre chemin, ainsi qu'ils l'auraient fait pour un Roi. Ils voyaient en moi le Messie annoncé par les écritures, destiné à devenir Roi d'Israël.

Nous nous rendîmes au temple. J'y étais attendu. Devrais-je prononcer un autre sermon ? Une fois sur place je fus effaré. Les grands prêtres, censés montrer la voie, en avait fait un fond de commerce. Ils changeaient la monnaie pour mieux vendre et profiter. Les animaux sacrifiés nourrissaient leur larges panses.

Les deniers s'accumulaient. Ils sauraient toujours en faire bonne usage...

La colère en moi monta, je devins révolté. Les tables, les échoppes furent renversées, les animaux furent libérés. Comment aurais-je pu accepter un tel forfait ? De quel coté se trouvait le blasphème ?

Je me mis ensuite à enseigner et annonçait la bonne nouvelle. Ma mission était de faire connaître le Père,

transmettre sa parole, enseigner sa présence vivante et
agissante.

Cela fit venir sur place les autorités du temples,
« *les Grands Prêtres, les scribes et les anciens* ».

Ils demandèrent alors :
« *Dis-nous par quelle autorité tu fais cela, ou quel est
celui qui t'a donné cette autorité ?* ».

Leur but est de me piéger, de pouvoir ainsi prétendre
que je m'étais rendu coupable de blasphème et que je
devais alors être condamné. En effet, je remettais en
cause leur pouvoir et les énormes profits qu'ils tiraient
de leur position.

Je leur répondis par une question :
« *Dites-moi donc : le baptême de Jean était-il du Ciel
ou des hommes ?* »

Ils ne purent répondre. Car s'ils n'avaient pas reconnu
Jean-Baptiste en prophète, le peuple avait cru et
croyait toujours en lui. Et s'ils reconnaissaient
maintenant cet homme comme prophète, pourquoi
avaient-ils accepté sa mise à mort ?

Je leur reprocha alors d'avoir fait de cette maison de
Dieu, conçue pour tous, la maison de quelque uns,
source de trafics. Et finalement leur dit :
« *Détruisez ce temple et en trois jours, je le relèverai* ".

Je ne parlais évidemment pas de ce monument de pierre, qu'il avait fallu 46 ans pour reconstruire depuis sa dernière destruction. J'annonçais déjà ma mort prochaine et ma future résurrection.

Dès lors mon sort était déjà scellé.

L'Amour

Elle avait cette pureté n'appartenant qu'aux anges. Une blancheur d'albâtre, une chevelure de soie. Ses longs cheveux blonds étaient souvent en désordre.

Dès que je l'avait vu, je l'avait reconnue. Elle était mienne, je la désirait éperdument. Elle serait moquée, humiliée, ostracisée mais n'en avait cure. Je pensais alors, je léguerai ma pensée, je lui préserverait mon amour.

Comment aurais-je pu ne pas l'aimer ? Homme je suis, homme je resterai. Sans issue l'amour physique ? Extatique quand il est absolu ! Je me à elle donnais corps et âme, elle me consacra sa vie. Sans elle aurais-je aussi longtemps tenu ? Ses rires enchantaient mes baisers.

Nous aurions aimés vieillir ensemble. Une poésie de vieux amants. Une vie partagées avec ses joies et ses peines. Le temps en aura décidé autrement.

Elle était bien un peu jalouse, pensait que je lui portait pas assez d'attention. C'est vrai j'étais souvent perdu dans mes pensées. Jusqu'à en oublier et l'essentiel et parfois la raison. L'avais-je trop délaissé ?

Mais elle était une apôtre à part entière. Elle avait ses convictions, elle ne manquait pas de les défendre. Féministe avant l'heure, pourrait-t-on dire. J'écoutais ses longues tirades légèrement assommantes, faisant semblant de m'y intéresser, ne m'intéressant qu'à ses yeux couleur d'océan.

Je luis avais promis de boire en elle la fontaine de jouvence. Elle s'en était amusée, avait développé l'idée. Elle avait pour cela un talent inné.

J'aurais aimé qu'elle porte en elle un enfant de moi. Cela n'était pas arrivé. Un père sur la croix, n'est-ce pas un trop grand poids pour une âme innocente. Quel héritage lui aurais-je laissé ? Quel destin aurait été le sien, mêlé de tristesse et de chagrin.

Pourquoi elle ? L'amour ne se commande pas, un jour il s'abat et la vie s'éclaire à nouveau. Elle était ma lumière, un jour elle serait mon étoile. Toujours je la suivrait, avec gratitude et fierté de lui avoir appartenu, je la regarderai.

Cela n'avait pas été aisé. Des femmes je me tenais à distance. Mais d'elle j'étais irrésistiblement attiré. Un jour venant dans sa chambre, elle se montra en chemise. Elle eut raison de mes dernières résistances. En enfin nous partageâmes un baiser...

Ce fut le temps de la félicité. Mari et femme sans sacrements, notre amour n'en était que plus grand. Elle était ma muse, j'étais son héro. Elle me consacra sa vie, je lui suis fidèle à ma manière jusqu'à mon dernier souffle.

Elle me suivi jusqu'à la croix. Je saisis alors son désespoir et sa foi en un jour nouveau. Cet amour n'allait pas mourir par la loi des hommes, forcément de par de la mort, il renaîtra.

Puis un jour ,c'est sur, elle s'éloignera de moi. Besoin de s'émanciper, de prouver qu'elle peut s'accomplir par elle-même. Une vie de bohème entrecoupée de rappels à l'amour. Je n'y resterait pas sourd mais comment en reprendre le cours comme lorsque tout a commencé ?

Elle consumera alors nos serments. Pourtant je veux que le monde sache comme je l'ai aimé. Comme sa bonté infinie n'avait comme miroir qu'un amour infini. Alors cet amour pourra renaître, un jour peut-être. Pour une autre vie, un autre contexte...

Sermon De La Montagne

Mes disciples et moi nous nous étions rendus en haut d'une montagne près du lac Tibériade. Une foule immense nous accompagnait, il me fallait maintenant enseigner.

M'élançant, je leur fit ce sermon :

« *Heureux les pauvres en esprit, car le royaume des cieux est à eux !*
Heureux les affligés, car ils seront consolés !
Heureux les débonnaires, car ils hériteront la terre !
Heureux ceux qui ont faim et soif de la justice, car ils seront rassasiés !
Heureux les miséricordieux, car ils obtiendront miséricorde !
Heureux ceux qui ont le cœur pur, car ils verront Dieu !
Heureux ceux qui procurent la paix, car ils seront appelés fils de Dieu !
Heureux ceux qui sont persécutés pour la justice, car le royaume des cieux est à eux !
Heureux serez-vous, lorsqu'on vous outragera, qu'on vous persécutera et qu'on dira faussement de vous toute sorte de mal, à cause de moi.
Réjouissez-vous et soyez dans l'allégresse, parce que votre récompense sera grande dans les cieux ; car c'est ainsi qu'on a persécuté les prophètes qui ont été avant vous.

Vous êtes le sel de la terre. Mais si le sel perd sa saveur, avec quoi la lui rendra-t-on ? Il ne sert plus qu'à être jeté dehors, et foulé aux pieds par les hommes.

Vous êtes la lumière du monde. Une ville située sur une montagne ne peut être cachée ;

et on n'allume pas une lampe pour la mettre sous le boisseau, mais on la met sur le chandelier, et elle éclaire tous ceux qui sont dans la maison.

Que votre lumière luise ainsi devant les hommes, afin qu'ils voient vos bonnes oeuvres, et qu'ils glorifient votre Père qui est dans les cieux.

Ne croyez pas que je sois venu pour abolir la loi ou les prophètes ; je suis venu non pour abolir, mais pour accomplir.

Car, je vous le dis en vérité, tant que le ciel et la terre ne passeront point, il ne disparaîtra pas de la loi un seul iota ou un seul trait de lettre, jusqu'à ce que tout soit arrivé.

Celui donc qui supprimera l'un de ces plus petits commandements, et qui enseignera aux hommes à faire de même, sera appelé le plus petit dans le royaume des cieux ; mais celui qui les observera, et qui enseignera à les observer, celui-là sera appelé grand dans le royaume des cieux.

Car, je vous le dis, si votre justice ne surpasse celle des scribes et des pharisiens, vous n'entrerez point dans le royaume des cieux.

Vous avez entendu qu'il a été dit aux anciens : Tu ne tueras point ; celui qui tuera mérite d'être puni par les juges.

Mais moi, je vous dis que quiconque se met en colère contre son frère mérite d'être puni par les juges ; que celui qui dira à son frère : Raca ! mérite d'être puni par le sanhédrin ; et que celui qui lui dira : Insensé ! mérite d'être puni par le feu de la géhenne.

Si donc tu présentes ton offrande à l'autel, et que là tu te souviennes que ton frère a quelque chose contre toi, laisse là ton offrande devant l'autel, et va d'abord te réconcilier avec ton frère ; puis, viens présenter ton offrande.

Accorde-toi promptement avec ton adversaire, pendant que tu es en chemin avec lui, de peur qu'il ne te livre au juge, que le juge ne te livre à l'officier de justice, et que tu ne sois mis en prison.

Je te le dis en vérité, tu ne sortiras pas de là que tu n'aies payé le dernier quadrant.

Vous avez appris qu'il a été dit : Tu ne commettras point d'adultère.

Mais moi, je vous dis que quiconque regarde une femme pour la convoiter a déjà commis un adultère avec elle dans son cœur.

Si ton oeil droit est pour toi une occasion de chute, arrache-le et jette-le loin de toi ; car il est avantageux pour toi qu'un seul de tes membres périsse, et que ton corps entier ne soit pas jeté dans la géhenne.

Et si ta main droite est pour toi une occasion de chute, coupe-la et jette-la loin de toi ; car il est avantageux pour toi qu'un seul de tes membres périsse, et que ton corps entier n'aille pas dans la géhenne.

Il a été dit : Que celui qui répudie sa femme lui donne une lettre de divorce.

Mais moi, je vous dis que celui qui répudie sa femme, sauf pour cause d'infidélité, l'expose à devenir adultère, et que celui qui épouse une femme répudiée commet un adultère.

Vous avez encore appris qu'il a été dit aux anciens : Tu ne te parjureras point, mais tu t'acquitteras envers le Seigneur de ce que tu as déclaré par serment.

Mais moi, je vous dis de ne jurer aucunement, ni par le ciel, parce que c'est le trône de Dieu ;

ni par la terre, parce que c'est son marchepied ; ni par Jérusalem, parce que c'est la ville du grand roi.

Ne jure pas non plus par ta tête, car tu ne peux rendre blanc ou noir un seul cheveu.

Que votre parole soit oui, oui, non, non ; ce qu'on y ajoute vient du malin.

Vous avez appris qu'il a été dit : oeil pour oeil, et dent pour dent.

Mais moi, je vous dis de ne pas résister au méchant. Si quelqu'un te frappe sur la joue droite, présente-lui aussi l'autre.

Si quelqu'un veut plaider contre toi, et prendre ta tunique, laisse-lui encore ton manteau.

Si quelqu'un te force à faire un mille, fais-en deux avec lui.

Donne à celui qui te demande, et ne te détourne pas de celui qui veut emprunter de toi.

Vous avez appris qu'il a été dit : Tu aimeras ton prochain, et tu haïras ton ennemi.

Mais moi, je vous dis : Aimez vos ennemis, bénissez ceux qui vous maudissent, faites du bien à ceux qui vous haïssent, et priez pour ceux qui vous maltraitent et qui vous persécutent,

afin que vous soyez fils de votre Père qui est dans les cieux ; car il fait lever son soleil sur les méchants et sur les bons, et il fait pleuvoir sur les justes et sur les injustes.

Si vous aimez ceux qui vous aiment, quelle récompense méritez-vous ? Les publicains aussi n'agissent-ils pas de même ?

Et si vous saluez seulement vos frères, que faites-vous d'extraordinaire ? Les païens aussi n'agissent-ils pas de même ?

Soyez donc parfaits, comme votre Père céleste est parfait.

Gardez-vous de pratiquer votre justice devant les hommes, pour en être vus ; autrement, vous n'aurez point de récompense auprès de votre Père qui est dans les cieux.

Lors donc que tu fais l'aumône, ne sonne pas de la trompette devant toi, comme font les hypocrites dans les synagogues et dans les rues, afin d'être glorifiés par les hommes. Je vous le dis en vérité, ils reçoivent leur récompense.

Mais quand tu fais l'aumône, que ta main gauche ne sache pas ce que fait ta droite,

afin que ton aumône se fasse en secret ; et ton Père, qui voit dans le secret, te le rendra.

Lorsque vous priez, ne soyez pas comme les hypocrites, qui aiment à prier debout dans les synagogues et aux coins des rues, pour être vus des hommes. Je vous le dis en vérité, ils reçoivent leur récompense.

Mais quand tu pries, entre dans ta chambre, ferme ta porte, et prie ton Père qui est là dans le lieu secret ; et ton Père, qui voit dans le secret, te le rendra.

En priant, ne multipliez pas de vaines paroles, comme les païens, qui s'imaginent qu'à force de paroles ils seront exaucés.

Ne leur ressemblez pas ; car votre Père sait de quoi vous avez besoin, avant que vous le lui demandiez.

Voici donc comment vous devez prier : Notre Père qui es aux cieux ! Que ton nom soit sanctifié ;

que ton règne vienne ; que ta volonté soit faite sur la terre comme au ciel.

Donne-nous aujourd'hui notre pain quotidien ; pardonne-nous nos offenses, comme nous aussi nous pardonnons à ceux qui nous ont offensés ;

ne nous induis pas en tentation, mais délivre-nous du malin. Car c'est à toi qu'appartiennent, dans tous les siècles, le règne, la puissance et la gloire. Amen !

Si vous pardonnez aux hommes leurs offenses, votre Père céleste vous pardonnera aussi ;

mais si vous ne pardonnez pas aux hommes, votre Père ne vous pardonnera pas non plus vos offenses.

Lorsque vous jeûnez, ne prenez pas un air triste,
comme les hypocrites, qui se rendent le visage tout
défait, pour montrer aux hommes qu'ils jeûnent. Je
vous le dis en vérité, ils reçoivent leur récompense.
Mais quand tu jeûnes, parfume ta tête et lave ton
visage,
afin de ne pas montrer aux hommes que tu jeûnes,
mais à ton Père qui est là dans le lieu secret ; et ton
Père, qui voit dans le secret, te le rendra.
Ne vous amassez pas des trésors sur la terre, où la
teigne et la rouille détruisent, et où les voleurs
percent et dérobent ;
mais amassez-vous des trésors dans le ciel, où la
teigne et la rouille ne détruisent point, et où les
voleurs ne percent ni ne dérobent.
Car là où est ton trésor, là aussi sera ton cœur.
L'oeil est la lampe du corps. Si ton œil est en bon état,
tout ton corps sera éclairé ;
mais si ton oeil est en mauvais état, tout ton corps
sera dans les ténèbres. Si donc la lumière qui est en toi
est ténèbres, combien seront grandes ces ténèbres !
Nul ne peut servir deux maîtres. Car, ou il haïra l'un, et
aimera l'autre ; ou il s'attachera à l'un, et méprisera
l'autre. Vous ne pouvez servir Dieu et Mamon.
C'est pourquoi je vous dis : Ne vous inquiétez pas pour
votre vie de ce que vous mangerez, ni pour votre corps,
de quoi vous serez vêtus. La vie n'est-elle pas plus que
la nourriture, et le corps plus que le vêtement ?
Regardez les oiseaux du ciel : ils ne sèment ni ne
moissonnent, et ils n'amassent rien dans des greniers ;

et votre Père céleste les nourrit. Ne valez-vous pas beaucoup plus qu'eux ?

Qui de vous, par ses inquiétudes, peut ajouter une coudée à la durée de sa vie ?

Et pourquoi vous inquiéter au sujet du vêtement ? Considérez comment croissent les lis des champs : ils ne travaillent ni ne filent ;

cependant je vous dis que Salomon même, dans toute sa gloire, n'a pas été vêtu comme l'un d'eux.

Si Dieu revêt ainsi l'herbe des champs, qui existe aujourd'hui et qui demain sera jetée au four, ne vous vêtira-t-il pas à plus forte raison, gens de peu de foi ?

Ne vous inquiétez donc point, et ne dites pas : Que mangerons-nous ? que boirons-nous ? de quoi serons-nous vêtus ?

Car toutes ces choses, ce sont les païens qui les recherchent. Votre Père céleste sait que vous en avez besoin.

Cherchez premièrement le royaume et la justice de Dieu ; et toutes ces choses vous seront données par-dessus.

Ne vous inquiétez donc pas du lendemain ; car le lendemain aura soin de lui-même. A chaque jour suffit sa peine.

Ne jugez point, afin que vous ne soyez point jugés.

Car on vous jugera du jugement dont vous jugez, et l'on vous mesurera avec la mesure dont vous mesurez.

Pourquoi vois-tu la paille qui est dans l'œil de ton frère, et n'aperçois-tu pas la poutre qui est dans ton œil ?

Ou comment peux-tu dire à ton frère : Laisse-moi ôter une paille de ton œil, toi qui as une poutre dans le tien ?

Hypocrite, ôte premièrement la poutre de ton œil, et alors tu verras comment ôter la paille de l'œil de ton frère.

Ne donnez pas les choses saintes aux chiens, et ne jetez pas vos perles devant les pourceaux, de peur qu'ils ne les foulent aux pieds, ne se retournent et ne vous déchirent.

Demandez, et l'on vous donnera ; cherchez, et vous trouverez ; frappez, et l'on vous ouvrira.

Car quiconque demande reçoit, celui qui cherche trouve, et l'on ouvre à celui qui frappe.

Lequel de vous donnera une pierre à son fils, s'il lui demande du pain ?

Ou, s'il demande un poisson, lui donnera-t-il un serpent ?

Si donc, méchants comme vous l'êtes, vous savez donner de bonnes choses à vos enfants, à combien plus forte raison votre Père qui est dans les cieux donnera-t-il de bonnes choses à ceux qui les lui demandent.

Tout ce que vous voulez que les hommes fassent pour vous, faites-le de même pour eux, car c'est la loi et les prophètes.

Entrez par la porte étroite. Car large est la porte, spacieux est le chemin qui mènent à la perdition, et il y en a beaucoup qui entrent par là.

Mais étroite est la porte, resserré le chemin qui mènent à la vie, et il y en a peu qui les trouvent.

Gardez-vous des faux prophètes. Ils viennent à vous en vêtement de brebis, mais au dedans ce sont des loups ravisseurs.

Vous les reconnaîtrez à leurs fruits. Cueille-t-on des raisins sur des épines, ou des figues sur des chardons ?

Tout bon arbre porte de bons fruits, mais le mauvais arbre porte de mauvais fruits.

Un bon arbre ne peut porter de mauvais fruits, ni un mauvais arbre porter de bons fruits.

Tout arbre qui ne porte pas de bons fruits est coupé et jeté au feu.

C'est donc à leurs fruits que vous les reconnaîtrez.

Ceux qui me disent : Seigneur, Seigneur ! n'entreront pas tous dans le royaume des cieux, mais celui-là seul qui fait la volonté de mon Père qui est dans les cieux.

Plusieurs me diront en ce jour-là : Seigneur, Seigneur, n'avons-nous pas prophétisé par ton nom ? n'avons-nous pas chassé des démons par ton nom ? et n'avons-nous pas fait beaucoup de miracles par ton nom ?

Alors je leur dirai ouvertement : Je ne vous ai jamais connus, retirez-vous de moi, vous qui commettez l'iniquité.

C'est pourquoi, quiconque entend ces paroles que je dis et les met en pratique, sera semblable à un homme prudent qui a bâti sa maison sur le roc.

*La pluie est tombée, les torrents sont venus, les vents
ont soufflé et se sont jetés contre cette maison : elle
n'est point tombée, parce qu'elle était fondée sur le
roc.
Mais quiconque entend ces paroles que je dis, et ne les
met pas en pratique, sera semblable à un homme
insensé qui a bâti sa maison sur le sable.
La pluie est tombée, les torrents sont venus, les vents
ont soufflé et ont
battu cette maison : elle est tombée, et sa ruine a été
grande. »*

Mathieu 5-7

La foule alors, voyant que j'enseignais avec sincérité et
autorité, fut frappée de ma doctrine. Beaucoup
suivirent ainsi mon enseignement en tant qu'acte de
foi.

La Pécheresse

Elle était là, seule, à leur merci. Ils tenaient leurs pierres en main, instruments de mort prêts à s'abattre.

Quelle crime avait elle commis ? Elle avait aimé. La belle affaire en vérité ! Pourquoi ces hommes lui reprochaient-ils cette félicitée ?

Elle ne les avait pas choisis. Pire, à leur voisins elle s'était monnayée. Il faut bien manger. Dieu m'a donné un corps. Il est désiré. Ce corps sera ma perte ou mon salut.

Une femme libre et disponible. L'issue des timides, de celles qui vous initient et qu'on oublie jamais vraiment. Une femme amoureuse aussi. Une femme à part entière.

On ne pardonne pas telle impudence. On méprise, on maudit, mais aussi on en jouit. On est juge et parti.

Les hommes ont droit de conquérir. Certains s'arrogent le droit de disposer. Ils rejettent alors la faute sur la pécheresse :
« *Ne m'a t-elle pas envoûtée, avec ces charmes dont elle se pare ? Si elle se montre ainsi jusqu'à éveiller mes désirs, elle se doit de les satisfaire !*»

De quel Loi tirent-t-ils ce droit ? Quel Dieu à édicté que
l'on pouvait disposer d'une fille, d'une femme comme
d'une propriété. Qu'on pouvait la marchander, la
marier de force, parfois avant la puberté, décider à sa
place, jusqu'à la violenter, la violer, et même jusqu'à la
tuer?

Alors ils étaient là, s'invectivaient :
« *Cette femme a pêché, Yahweh a offensé. De sa vie elle
doit maintenant payer. Vas-y toi, sois le premier, je te
suivrai.* »

Puis ils m'apostrophèrent :
« *Et toi ! Quand dis-tu ? Elle mérite la mort, le sais -
tu?* »

La pauvre hère se résignait, La lapidation venait.
Marque de l'impuissance, de la jalousie. Ces homme
allaient se venger. Pourquoi jouirait-elle et pas moi ?
Puisque je ne peux la posséder, il me faut la tuer. Ainsi
de mes frustrations je serai vengé !

Les pierres allaient s'abattre. Une morte cruelle, lente,
douloureuse et infamante. Une jubilation chez les
assaillants. Est-ce donc si difficile la pitié ?

Avec peine, je la relevais. Regard d'espoir et de
détresse mêlés. Cela va aller...

M'adressant à la foule courroucée, conscient de la gravité de l'instant, je m'élança :

« *Soit, elle a pêchée. Qui n'a jamais péché ? Cela vaut-il la mort pour autant ? Serais-ce le dernier jour de cette condamnée? Toi, prêt à jeter ta pierre, n'as tu peur qu'on te rende la monnaie ? Portes-tu en toi la justice divine ? Ne crois-tu pas que sur toi aussi, elle s'exercera ? Alors, vas-y, jette la première pierre. Mais si le Père retiens ton bras, la foudre sur toi s'abattra !* ».

Alors ils la laissèrent. Résignés, il renonçaient à leur forfait. Peur du Très Haut, conscients de leur propres péchés. La femme était sauvée. Elle n'avait pas de mots. J'avais remboursé ma dette.

« *Vas,* lui dis-je, *et ne pêche plus.* »

Lazare

On vint m'appendre que Lazare, frère de Marie de Bethanie, celle-là même qui m'avait rendu grâce en ayant oint mes cheveux de parfums et lavé mes pieds avant de les sécher avec ses cheveux était au plus mal.

J'aimais profondément Lazare et ses sœurs Marie et Marthe. Deux jours après cette mauvaise nouvelle, je rassembla mes disciples et leur dit :
« Lazare, notre ami, dort ; Retournons en Judée, je vais le réveiller ».

Ceux-ci protestèrent. Ils ne voulaient pas retourner en Judée comme nous y étions en danger. Ils craignaient autant pour ma vie que pour leur vies. En effet certains, parmi mes ennemis, cherchaient déjà à me lapider.

Peut-être n'avaient-ils par compris l'importance de la situation, pensant que Lazare était simplement malade. Je savais moi-même que Lazare était déjà mort et que j'étais le seul, avec l'aide de Dieu, capable de le ramener depuis l'autre monde.

Nous partîmes donc pour Bethanie et en arrivant Marthe m'annonça que son frère Lazare était déjà mort depuis quatre jours.

Commandant d'ouvrir le tombeau, la pierre de celle-ci roula.

J'invoquais alors Dieu Le Père :
 « Père, je te rends grâces de ce que tu m'as exaucé. Pour moi, je savais que tu m'exauces toujours ; mais j'ai parlé à cause de la foule qui m'entoure, afin qu'ils croient que c'est toi qui m'as envoyé ».

Puis je m'écriai :
« Lazare, sors ! » .

Alors Lazare sortit, les pieds et les mains liés de bandes, et le visage enveloppé d'un linge.

Je leur dit encore:
« déliez-le, et laissez-le aller ».
Après la résurrection de Lazare, les principaux sacrificateurs Caïphe et Anne cherchèrent de nouveau à le faire mourir. Il s'agissait là d'effacer toute trace de la manifestation du Père.

Le Procès

Après la Cène, je me rendis avec mes disciples dans les jardins de Gethsémané.

Bien que leur recommandais de veiller du fait l'importance de la situation, ceux-ci s'endormirent rapidement.

Je restais seul à prier mon Père :
«Mon Père, si cela est possible, que cette coupe s'éloigne de moi! Toutefois, non pas ce que je veux, mais ce que tu veux.»
«Mon Père, s'il n'est pas possible que cette coupe s'éloigne sans que je la boive, que ta volonté soit faite!»

Alors Judas, arriva avec une foule nombreuse armée d'épées et de bâtons, envoyée par les chefs des prêtre du Sanhédrin.

Par un baiser, il me désigna et me livra.

Puis ils m'amenèrent devant le Chef des prêtres et tout le grand conseil des prêtres. Ils cherchaient un faux témoignage permettant de me faire condamner à mort.

Un homme temoigna :

« il a dit : *'Je peux détruire le Temple de Dieu et, en trois jours, le rebâtir.'* »

Le grand prêtre me demanda alors :
« *Je t'adjure, par le Dieu vivant, de nous dire si tu es le Messie, le Fils de Dieu.* »

Je répondit:
« *C'est toi qui l'as dit ; mais en tout cas, je vous le déclare : désormais vous verrez le Fils de l'homme siéger à la droite du Tout-Puissant et venir sur les nuées du ciel.* »

 Alors le grand prêtre déchira ses vêtements, en disant :
« *Il a blasphémé ! Pourquoi nous faut-il encore des témoins ? Vous venez d'entendre le blasphème ! Quel est votre avis ?* »

Ils répondirent :
« *Il mérite la mort.* »

 Alors ils me crachèrent au visage et me rouèrent de coups , persiflant:
« *Fais-nous le prophète, Messie ! qui est-ce qui t'a frappé ?* » .

Je fus condamné à mort et le Sanhédrin convint de me livrer au gouverneur romain de Judée, Ponce Pilate.

Pilate

On m'amena devant Pilate, rapportant les accusations de blasphème et demandant à ce dernier de me condamner à mort.

Ce dernier, apprenant que j'étais Galiléen, décida que je dépendais du roi Hérode et m'envoya devant lui.

Hérode fut très satisfait de me voir, il attendait depuis longtemps de faire la connaissance de celui que les foules qualifiaient de Messie.

Il me posa de nombreuses questions et espéra de moi quelques miracles.

Je ne dis et ne fit rien. Je préférais garder le silence devant cet homme impie.

Il me traita alors avec mépris et lui et ses hommes se moquèrent de moi avant de me renvoyer à Pilate.

Pilate convoqua alors les chefs des prêtres, les dirigeants et le peuple et déclara :
« Vous m'avez amené cet homme en l'accusant d'égarer le peuple. Or, je l'ai interrogé moi-même devant vous, et je ne l'ai trouvé coupable d'aucun des crimes dont vous l'accusez. Hérode non plus, d'ailleurs, puisqu'il nous l'a renvoyé. Cet homme n'a rien fait qui mérite la

mort. Je vais donc lui faire donner le fouet et le relâcher. »

Il voulait me relâcher, comme la tradition de chaque fête prévoit de relâcher un prisonnier.

Mais la foule entière se mit à crier :
« A mort ! Relâche Barabbas ! Crucifie Jésus ! Crucifie-le !»

Ce peuple à qui j'avais enseigné la parole de Dieu, pour lequel j'avais consacré tout le temps de mon ministère, et accompli tant de bienfaits demandais maintenant ma mort !

Pilate demanda encore :
« Mais enfin, qu'a-t-il fait de mal ? Je n'ai trouvé en lui aucune raison de le condamner à mort. Je vais donc lui faire donner le fouet puis le remettre en liberté. »

La foule excitée par les partisans du Sanhédrin, redoubla de cris demandant ma crucifixion. Elle finit par avoir gain de cause

Pilate relâcha donc Barrabas, lui qui avait été emprisonné pour une émeute et pour un meurtre, ordonna que je sois crucifié.

La Peine

Il y eut les coups, il y eut les sévices, il y eut les humiliations. Les lanières de cuir aux crochets acérés qui déchiraient ma chair. Certains, plus tard, s'en délecteront.

Il y eu la couronne, aux épines cruelles, marque d'infamie autant que de dérision.

Roi, oui, je le suis ! Je vous laisse la Terre, pacotilles, Je retourne au Père. Je prends possession de mon royaume.

Ais-je souffert ? Infiniment. Mais tant d'hommes et de femmes ont souffert dans l'histoire. Et souffrent encore.La cruauté des uns n'a égal que la bonté des autres. On naît, on vit, on aime, on souffre et ce jusqu'à la mort. C'est le destin de l'Homme. Pourtant appliquer cette peine était injustifiable, impardonnable.

Puis vint le moment de la montée au Golgotha. Un dernier chemin à parcourir, mon totem sur le dos, la foule excitée. Beaucoup était ravis, certains horrifiés.

Il y eu surtout cette femme et sa petite fille, belles de la rosée du matin. Elle me donnèrent de l'eau, geste courageux, et je lus dans leurs yeux tant de compassion.

Il y eu aussi cet homme, qui lorsque je tomba une nouvelle fois, me releva, et ma croix à porter m'aida.

Le Saint-Esprit me soufflait:
« *Tu vois ces gens, certains gagnent leur salut, d'autres le perdent. Il n'y a pas de Diable, rien que le Bien, le Mal, des hommes justes, des hommes diaboliques. Ceux qui t'ont mis là aujourd'hui, rassure-toi, pour eux ce sera l'Enfer !* »

Au mont arrivé, une fois la croix déposée, on me lia les membres sur la croix, avant de les clouer. Ce supplice était déjà répandu depuis longtemps dans le monde romain. C'est sûr, ils savent torturer, d'autres reprendront ce supplice à leur compte bien après. Ils me crucifièrent en tant qu'INRI, Jésus Le Nazaréen Roi Des Juifs.

Les légionnaires présents m'élevèrent. Vint l'instant de l'attente de la mort, de la délivrance.

Les deux femmes bénies de ma courte vie étaient là souffrant autant que moi, meurtries dans leur chair alors que je me vidais de mon sang.

Assoiffé sous le soleil de plomb, on me donna à boire du vinaigre. Tendre attention. Enfin vint la nuit, la foule se retira et je pus méditer sur le pourquoi de ce destin hors du commun.

Au petit matin, on me perça le flanc, on me brisa les jambes. Làs, j'étais déjà mort.

Alors un légionnaire s'écria :
« Cet homme était vraiment Dieu ! »

Et un immense tonnerre gronda.

Petite Mort

Mort sur la croix, mais conscient déjà, j'eus cette vision...

Rose, je suis une machine de guerre
Mon Dieu, Quelle infortune
Que vaut sur cette Terre
Un rêveur au clair de Lune

De mes épines louées
Je fait une piètre défense
Quand ma tête on veut couper
Quelle donc a été mon offense ?

J'aurais aimé encore aimer
Cette blonde diaphane, cette brune aux yeux sombres
Mais il faut s'en aller
Est-ce que je reviendrai ?

Je vais rejoindre le Père
Je vais enfin savoir
J'aurais pu encore veiller
Garder la couleur de l'espoir

Les Hommes me craignent et me haïsse
Ce n'est pourtant faute d'avoir essayé

Les Femmes belles me bénissent
Il faut pour leur salut que je périsse

Qui est coupable de ce crime
Est-il permis à un pouvoir
Un individu
D'être un Assassin ?

Le temps d'une vie sûrement
Pourtant Il est une justice
Il me faudra être patient
Avant que mon œuvre s'accomplisse

Et le ciel s'ouvra....

Juste Après

Ils me descendirent de la croix, et rapidement, m'embaumèrent.

Un marchand riche et bon m'avait réservé un sépulcre de choix. Ils m'y emmenèrent. Les femmes bien-aimées se mirent à me veiller.

Des soldats montaient la garde, clairement ce fut un un meurtre politique, il ne fallait pas que le peuple s'éveilla.

J'avais donné mes volontés. Aussi, les gardes endormis, on vint me chercher. La pierre roula, le tombeau s'ouvra. Emmené dans le désert, s'alluma un feu de joie. Né de la terre, je repartais en cendres. Minéral parmi les grains de sables, poussière dans la poussière.

Pourquoi ce choix ? Je savais que je serai saigné, vidé entièrement de mon sang afin de ne pouvoir jamais renaître. J'avais fait le pari de surmonter ce défi. Je ne voulu laisser aucune trace de moi qu'on put s'approprier.

Le bruit courra que j'étais revenus d'entre les morts. L'absence de mon corps au tombeau le lendemain matin semblait le prouver. En fait si mon corps était bien mort, mon esprit survivait.

Ainsi je fis mon ascension, et finalement trouva réponses à mes questions. Oh, j'aurais pu encore attendre, surtout pour Marie, surtout pour Madeleine. Tout jour de vie est bon à prendre. Cela n'avait pas été un choix, ou alors un choix obligé.

Judas s'était pendu, personne ne l'avait retenu.

Il avait trahi, il avait lui-même choisi sa destinée.

Femmes, je me désolais de votre peine.

3 Jours Après

Deux pères étaient passés. Mon enseignement avait survécu à ma mort.

Il avait été d'abord été transmise oralement, puis les évangiles avaient été rédigés.

Partout en Judée, en Galilée des communautés de chrétiens se formaient. Bientôt, ces communautés allaient essaimer dans tout l'empire Romain, puis dans le monde entier.

Des hommes et des femmes de grande foi, guidés par la même espérance, celle de la bienveillance de notre Père et d'une vie éternelle. Un paradis terrestre. N'avais-je pas promis de ressuscité les morts ?

Moi-même j'étais rené à la vie. J'avais réintégré un corps, mes bourreaux avaient donc échoués dans leur forfait.

Je me devais de faire connaître ce fait. Je voulais que les disciples de ma doctrine puissent espérer en un jour nouveau, prochain, ou l'homme vivrait en harmonie avec Dieu.

Un jour de rémission de péchés, un jour ou enfin la concorde et la paix régnerait sur la Terre.

Je partis donc à la rencontre de mes anciens compagnons et me présenta à eux. Madeleine, d'abord, qui me confondis avec un jardinier, avant de s'effondrer de bonheur et de reconnaissance envers le Très-Haut.

Puis vint le tour de Jacques, mon frère qui me reconnu instantanément. Ne partagions-nous pas le même sang ?

Mes apôtres fin, qui de suite se mirent à douter. Ils ne pouvaient concevoir qu'un mort renaisse à la vie. Après plusieurs apparitions ponctués de conversations prouvant cette transcendance, ils conclurent que j'étais bien ressuscité d'entre les morts.

Puisque j 'étais revenu d'entre les morts j'étais maintenant, à leur yeux, le fils de Dieu.

Ne Vois-tu Pas?
Cher Lecteur,
Toi, C'est Moi !